AF670873

Alfred Reichel

Zeitlose Biergedichte

FSC
www.fsc.org
MIX
Papier aus verantwortungsvollen Quellen
Paper from responsible sources
FSC® C105338

© 2024, Alfred Reichel
Layout, Satz & Umschlaggestaltung: Moritz Lührs
Verlag: BoD • Books on Demand GmbH, In de Tarpen 42, 22848 Norderstedt
Druck: Libri Plureos GmbH, Friedensallee 273, 22763 Hamburg
ISBN: 978-3-7597-5849-1

Bibliografische Information der Deutschen Nationalbibliothek
Die Deutsche Nationalbibliothek verzeichnet diese Publikation in der Deutschen Nationalbibliografie; detaillierte bibliografische Daten sind im Internet über www.dnb.de abrufbar.

1. So einfach

Herzen, die schmerzen,
sind schmerzende Herzen.
So einfach ist die Welt,
wenn man sie auf Papier festhält.
Schlägt abends die Stunde von Bier und Wein,
kann aber auch die reale Welt so einfach sein.
Einfach ein paar Bier mit Freunden aufgemacht
und dann wird fröhlich getrunken und gelacht.

2. Voll Liebe

Alles ist voller Liebe, da wo du bist.
Von dir werde ich liebevoll umarmt und geküsst.
In deiner Nähe fühle ich mich
augenblicklich glücklich.
Da wo du bist, ist Freude und Kreativität.
Du hast mir total den Kopf verdreht.
Ich liebe dich, muss immer an dich denken,
kann mich nicht einmal mit Bier ablenken.

3. Flamenco

Tanzt du einen feurigen Flamenco für mich,
brauche ich kein San Miguel, um mich zu berauschen,
denn ich liebe dich.
Ich möchte mit niemandem tauschen.

4. So geht Nächstenliebe

Gäbe es nur noch eine Flasche Freibier,
würde ich mich mit dir
nicht um diese Flasche keilen.
Nein, ich würde sie mit dir teilen.

Ein alkoholfreies Bier
würde ich dir
ohne Bedenken
sogar schenken.

5. Heartbreak-Limerick

Hat dir jemand dein Herz gebrochen und du sinnst
auf Rache,
ist die Rache auch für dich letztendlich eine fiese Sache.
Du kannst nicht vergeben, musst gemein sein.
Trink doch lieber ein Bier oder ein Glas Wein
und fühle dich frei und lache.

6. Voll

Du gehst. Ich roll‘.
Du bist fit. Ich bin voll.
Du trankst Tee, ich zu viele Bier.
Deine Fitness dankt es dir.

7. Erotik

Erotik ist in einer Beziehung so wichtig, wie die
Schaumkrone auf dem Bier.
Sonst wird die Beziehung langweilig beziehungsweise das
Bier schal.
Du bist mein Testosteron-Glücks-Elixier.
Ich möchte dich in einem fort küssen allemal.

8. Wie Du

Du bist wie das Salz in meiner Suppe,
wie der Schaum auf meinem Bier,
wie im Augustnachthimmel meine gesuchte Sternschnuppe,
wie das Pünktchen auf dem Reichel-i. Ich liebe dich dafür.
Du machst mein Dasein erst perfekt.
Du hast in mir die Lust am Leben erweckt.
Du bist meine Venus aus glitzerndem Sternenstaub.
Du bringst mich vor Erregung zum Zittern wie Espenlaub.

9. Die Liebe

Er geht gerne zu ihr.
Er lädt sie gerne zu sich ein.
Er lacht gerne mit ihr.
Das muss Liebe sein.

Sie planen, scherzen, trinken Bier oder Wein.
Er wünscht sich, dass sie über Nacht bei ihm bliebe.
Nicht mehr allein sein. Zu zweit glücklich sein.
Das ist Liebe.

10. Füllkrug

Des Bierkrugs zauberhafte Füllung
verspricht mir wunderbare Kühlung.
Habe ich die Füllung in mich umgefüllt,
fühle ich mich sofort von Glück erfüllt.

11. Alkoholfrei

Gleich nach dem Dinieren
ging ich im Wald spazieren.
Eine volle Bierflasche fand ich.
Darüber freute ich mich.
„Alkoholfrei" stand auf dem Etikett,
das fand ich gar nicht nett.
Alkoholfrei ist ein schreckliches Wort,
drum warf ich die Flasche weit fort.

12. Stattdessen

Lass dich von deinen Sorgen und Ängsten nicht auffressen.
Bewege dich, genieße die Natur, triff dich mit Freunden
stattdessen.
Erfreue dich an einem guten Bier und an einem
leckeren Essen
und deine Sorgen wirst du hoffentlich schnell vergessen.

13. Untersommert

Fühlst du dich auch untersommert,
unterkuschelt, unterhopft?
Zumindest gegen Letzteres hilft mir
jetzt ein kühles, leckeres Weizenbier.

14. Des Pudels Kern

Des Alfreds Pudels Kern
ist, er trinkt Bier so gern.
Eigentlich weiß man das.
Sehr gerne mag er Bier vom Fass.
Ist das Fassbier gar ein Weizen,
tut ihn das besonders reizen.
Ist das Weizen ein Freibier gar,
dann findet er das wunderbar.
Sind noch Freunde mit dabei,
endet's leicht in einer Sauferei.
Prost!

15. Herzenssache

Mein Herz sagt ja, mein Verstand sagt nein.
Ich höre auf mein Herz und schenke mir noch ein Bier ein.

16. Schönes Leben

Das Leben könnte im Augenblick nicht schöner sein
als ich mit dir auf der Couch abends mit einem Glas Wein.
Gesellt sich noch Bier dazu, herrscht eitler Mondenschein.

17. Verliebt-optimistisch-vorfreudig

Verliebtsein
macht die Sorgen klein.
Optimismus obendrein
verhelfen gut in den Tag hinein.
Kommt noch Vorfreude auf das abendliche Bier hinzu,
sind schönste Glücksgefühle da im Nu.

18. Lebensfreude

Ich bin heute
voller Lebensfreude.
Damit ich's morgen auch noch bin,
braucht's keinen Lottogewinn.
Mir genügt ein Kuss von dir
und ein frisches Weizenbier.

19. Kein Grund

Ist dir beim Kicken dein Gegner auf deinen Zeh getreten
und du bist am Hinken,
kein Grund, jetzt kein Bier zu trinken.

Du hast vergessen, dich nach einem durchzechten
Rosenmontag
anderntags abzuschminken,
kein Grund, jetzt kein Bier zu trinken.

Betrunken wolltest du zwei Wellensittiche kaufen,
jetzt bist du Besitzer von zwei Finken.
Kein Grund, jetzt kein Bier zu trinken.

Du solltest mal wieder Sport treiben,
denn du gehörst schon lange nicht mehr zu den Flinken.
Kein Grund, jetzt kein Bier zu trinken.

Ist dein Schiff auf einen Eisberg gestoßen und jetzt
am Sinken,
kein Grund, jetzt kein Bier zu trinken.

Dein Ölgemälde ist kein Rembrandt sondern nur ein
alter Schinken,
kein Grund, jetzt kein Bier zu trinken.

Und so lautet mein Befund:
Jetzt kein Bier zu trinken, dafür gibt's keinen Grund.
Prost!

20. Verpflegung

So viele Gegen-Ausländer-Hetzer.
All die Dummschwätzer.
Die ganzen AfD-Pisser.
Die vielen Besserwisser…
Um mich nicht zu sehr darüber aufzuregen,
werde ich mich jetzt mit einem Bier verpflegen.
Prost!

21. Schnöde

Ich mag mein Bier wie blöde,
denn ohne ist das Leben schnöde.

22. Für immer

Mein Leben ist nicht mehr öde,
denn ich liebe dich wie blöde.
Ich liebe dich mehr als mein Bier.
Bitte bleibe für immer bei mir!

23. Entscheidungen

Du kannst jeden Tag wählen zwischen Liebe und Hass,
zwischen Wein oder Bier und anderen Getränken.
Ich habe mich für Liebe und Wein oder Bier entschieden.
Denn entscheide ich mich für Liebe und Wein oder Bier,
dann weiß ich: Gut geht's mir!

24. Heidelberg

Wir flanieren die Neckarpromenade entlang.
An diesem herrlichen Tag ist uns vor nichts bang,
denn wir haben uns und je eine Flasche Bier dabei,
wir zwei.

25. Nicht nur ein Traum

Meine schönsten Träume sind Träume von DIR.
Mit viel Liebe, vielen Küssen, langem Vorspiel,
Wein, Glühbier.
Ich versuche diese wunderschönen Träume zu leben,
mit DIR als Hauptperson, Liebe, Küsse, Wein und
Bier eben.

26. Alles Gute

Dir alles Gute, vor allem Gesundheit.
Zumindest keinen Krebs als Krankheit.
Falls doch, dann einen der Heilbaren,
mit dem sich Biertrinken vereinbaren
lässt.
Ach ja, fühle dich nicht gestresst.

27. In Maßen

Tue alles, was dir guttut.
Liebe, wenn's dir guttut.
Trinke Bier, wenn's dir guttut.
Alles in Maßen, damit's niemandem wehtut.
Anderen nicht
und auch dir nicht.

28. Bier statt Fleisch

Die Hitze macht uns schlapp.
Das Wasser wird knapp.
200 g Schweinefleisch im Vergleich zu 30 Liter Bier
verbrauchen zur Herstellung etwa gleich viel Wasser.
Aber hier kommt's bei gleichem Verbrauch noch
viel krasser:
200 g Rindfleisch oder ein Riesenvolumen von 100
Liter Bier!
Mein Wasserverbrauch ist einigermaßen gering,
denn unter den Lebensmitteln ist Bier mein Ding.
Konsumiert mehr Bier statt Fleisch oder Wurst.
Bier, das faire Getränk bei Wassermangel und Durst.

29. Monatlicher Stammtisch

Beim monatlichen Stammtisch mit Freunden,
bei Bier und leckerem Essen verfliegen die Stunden.
Die Gespräche mit Harald, Martin, Helmut
und Rainer tun meinem Gemüt einfach gut.
Ach, mir tut mein Herz so weh,
wenn ich dann spätabends nach Hause geh.
Denn dann muss wieder erst ein Monat vergehen,
bis wir uns alle wiedersehen.

30. Der Schrei

Das Meer macht den Kopf frei.
Ist der Urlaub aber vorbei,
steckt man im Alltagsbrei
mit Bier als Feierabendschrei.

31. Hoffnungen

Ich hoffe auf das ewige Leben und den ewigen Frieden.
Alternativen haben nichts Vergleichbares zu bieten.
Auf ewig dich zu lieben und mit dir Zärtlichkeiten
auszutauschen,
sich an dir und hin und wieder mit Wein und Bier zu
berauschen,
die alten Freunde wiederzutreffen überdies,
das alles und noch mehr bietet hoffentlich das Paradies.

32. Was du brauchst

Du brauchst regelmäßig Sex,
gute Freunde, täglich ein Bier,
ab und zu einen Glückskeks
und dein Leben gelingt dir.

33. Träume

Damit unsere Träume nicht erblassen,
muss man sie hin und wieder wahr werden lassen.
Träumst du gerne vom Küssen,
wirst du mal wieder küssen „müssen“.
Bist du im Traum durstig, träumst von Bier,
dann trinke in Wirklichkeit eines mit mir.
Lass uns unsere Träume realisieren.
Lass uns so vieles ausprobieren.

34. Ding-Dong

Beim ersten Schluck Bier, höre ich Glocken läuten.
Ich weiß, das hat folgendes zu bedeuten:
Von Bier entzückt, bin ich der Welt entrückt.
Ich mag Bier unbeschreiblich, wie verrückt.

35. Engel

Ich habe mich in einen Engel verliebt.
Einen Engel, den’s in echt gibt.
Der Engel trinkt lieber Wein als Bier,
aber das verzeihe ich ihr.

36. Glühbier

In der kalten Winterzeit
genießt man Glühbier am besten zu zweit.
Aus „Du“ und „Ich“ wird schnell ein „Wir“,
trinkt man genügend köstliches Glühbier.
Glühbier ist eine heiße Saft-Gewürz-Bier-Kombination;
auf eine solche freut sich der Genießer im Sommer schon.
Die Aromen und die Süße aus Obst und Beeren
harmonieren mit der Hopfenbittere und dem Geschmack
gemälzter Ähren.
Glühbier enthält meist 5 bis 6 % vol
guten Bieralkohol. Prost, zum Wohl!
Und zwei Glühbier im Magen
lassen den Verliebten wagen,
seine Angebetete zu fragen:
„Trinken wir das nächste Glühbier
bei mir oder bei dir?“

PS: Wichtig ist‘s, das Glühbier mit Liebe zuzubereiten.
Das kann konkret Folgendes bedeuten:
Das Glühbier beim Erwärmen sanft umrühren.
Beim Verkosten dann den Partner zärtlich berühren…

37. Darum

Ich liebe dich. Fragst du mich warum,
weil du meine Traumfrau bist, darum.
Du trinkst gerne Bier und Wein, bist sportlich,
intelligent, zuverlässig, kreativ, sexy, zärtlich…
Ich liebe dich!

38. Großartig

Das Leben ist großartig,
das Leben ist einzigartig,
wenn man's durch die goldene Bierbrille sieht
oder wenn sich deine Frau vor dir auszieht.

39. Nur DU

Ich mag Bier. Ich mag Wein.
In meinem Herzen aber wohnst nur du allein.
Ihr Bestes schenken mir zwar Wein und Bier,
aber ich gehöre dir,
nur dir allein.

40. Charakter

Um den Charakter des Bieres zu erfassen,
muss man jeden Schluck Bier wahrnehmen.
Kann sein, man trinkt dann Bier in Massen.
Man muss dann den Rausch in Kauf nehmen.

41. Frisch gezapft

Sehe ich ein frisch gezapftes Bier
gibt's für mich kein zurück.
Der Anblick von Bier
bereitet mir größtes Glück.

42. Weihnachtliche Gedanken

Das Leben –
so wie's kommt, so ist es eben.
Die Liebe –
bringt große, wunderbare Gefühle ins Alltagsgetriebe.
Sie ist die größte menschliche Triebkraft,
die uns sorgen lässt und uns dabei Freude verschafft.
Das Bier –
weckt das Wahre Ich in mir.
Die Weihnacht –
das Fest der Liebe, bei dem man sich beschenkt,
lieb an einander denkt
und lacht.

43. Wishes

No Tears.
No Fears.
But many Beers.
Cheers. Cheers.

44. Von Irgendwann bis Nie

Die Zeit wird für jeden knapp.
Irgendwann macht jeder schlapp.
Das ist so. Da kann man nichts machen.
Das ist eine der unabänderlichen Tatsachen.
Aber eine Sache darf nie geschehen:
Dein Biervorrat darf nie zur Neige gehen.

45. Unterhopft

Zum Abendessen
das Bierchen nicht vergessen.
Sonst bist du womöglich unterhopft,
so dass dein Herz biersüchtig-wild klopft.

46. 10000 Volt

Ich trinke ungern das farblose Wasser
auch selten den roten oder weißen Wein.
Ich bin eher ein den grünen Pfefferminz-Likör-Hasser.
Das Trinken schwarzer oder gelber Limos lass ich sein.
Beim Trinken stehe ich auf die Farbe Gold.
Ich bin von Biergold infiziert.
Strömt goldenes Bier in mir, verspüre ich 10000 Volt,
als wäre ich vom Blitz getroffen. Bier elektrifiziert.
Biergold scheint auch ein guter Leiter zu sein.
Widerstände macht Bier klitzeklein.
Prost mit Bier, dem edelsten aller Getränke,
von dem ich mir zu meiner Energieversorgung eins
einschenke.

47. Biertrinken

Biertrinken stillt die Sehnsucht nach Leben.
Biertrinken hilft im Alltag nicht aufzugeben.
Biertrinken verhilft deinem Geist zu schweben.
Biertrinken lässt dich nicht auf der Stelle kleben.
Kommt, lasst uns einen heben!
Prost!

48. Einzigartig

Der einzig richtige Weg an einem Sommerabend seinen
Durst loszuwerden,
ist ihn mit kühlem Bier hinunterzuspülen.
Hierzu gibt's kein besseres Getränk auf Erden.
Du wirst dich danach erfrischt und lebendig fühlen.

49. Zum Guten wenden

Der Weihnachtsbaum rieselt.
Der Regen nieselt.
Eine Beziehung kriselt.
Alles ist grau in grau.
Den Leuten ist flau und mau.
Um die Stimmung wieder zum Guten zu wenden,
tu deine Zeit nicht mit Nicht-Trinken verschwenden.
Mach's wie wir:
Trink ein Bier!

50. Die Zukunft ist bierisch

Zum Entblauen geht er Spazieren.
Gestern trank er zu viel von den Bieren.
Gestern war die Welt noch himmelblau,
jetzt ist sie kopfwehgrau.
Aber er bleibt optimistisch,
denn er weiß, die Zukunft ist bierisch.

51. Unsere kleine Kneipe

Wenn ich in meiner Kneipe bin,
dann geht mir meine Seele auf.
Erinnerungen kommen mir in den Sinn;
schöne Stunden nehmen ihren Lauf.

Kann sein, so gegen zwei-halb drei,
wir gingen dem Bier wieder auf den Leim,
ist auch dieser schöne Abend vorbei
und wir schwanken fröhlich heim.

Solange wir leben
werden wir in unsere Kneipe
streben.
Unsere Kneipe ist unsere Bleibe.

Denkt jetzt nicht, der spinnt.
Uns macht dort Biertrinken Freude.
Und wenn wir nicht gestorben sind,
dann trinken wir Bier dort noch heute.

52. Radler, weiß-sauer

Etwas Weinhaltiges, Belebendes jetzt,
das gönne ich mir heute zu guter Letzt.
Freudig bestelle ich: Ein Radler, weiß-sauer.
Meine Freude ist nur von kurzer Dauer.
Denn der Wirt
schaut verwirrt.
Habe ich das gerade tatsächlich gesagt.
Ich merke, mein Hirn hat versagt.
Oder will mich mein Unterbewusstsein schützen?
Ja, anderes als Bier kann's nicht unterstützen.

PS: Der Brauer wird stinksauer,
hört er Radler, weiß-sauer.

53. Bare Münze

Ein Leben ohne Arbeit ist denkbar.
Dagegen ein Leben ohne Bier unvorstellbar.

54. 4

Aller guten Dinge sind vier:
Drei Halbe und jetzt noch ein Weizenbier.

55. Vom Wichtigen und vom Nichtigen

Was ist wichtig?
Was ist nichtig?
Fast nichts ist wichtig.
Fast alles ist nichtig.
Nur die Gesundheit und die Liebe zählen
und die Sorgen, die uns jeweils quälen.
Im Moment wäre mir ein Bier noch wichtig.

56. Von Zusammenhängen und Beziehungen

Von Kneipen und Kneippen.
Von Kneipen und Stammtischen.
Von Kneippen und kalten Füßen.
Von kaltem Bier und heißen Küssen.
Von Hopfen und Malz.
Von maßvollem Trinken und Betrinken.
Von frischem Bier und Lebenselixier.
Von Maibock und brauerischer Zauberei.
Von Weizenbier und sommerlichem Wolkenfrei.
Von Biergärten und Sonnenschein.
Von süffigem Bier und sommerlichem Wein.
Von Alkoholfreiem und Bieralkohol.
Von Prost und zum Wohl.
Von Nüchternheit und Rausch.
Von Küssen und Zärtlichkeitsaustausch.
Von Dir und Mir.
Von uns und leckerem Bier.

57. Kompromiss

Ein schlechter Kompromiss
ist ein Beschiss.
Wenn man statt Bier ein alkoholfreies Bier trinkt,
ist hier z.B. der Begriff „Bier“ etwas, das zum
Himmel stinkt.

58. Erscheinungen

Wir trinken Bier vor, zum und nach dem Essen,
um so manches zu vergessen.
Und vergisst man nicht,
erscheint zumindest vieles in einem schönen Licht.
Ist man nach 3-4 Bier etwas dicht,
sieht man die Wirklichkeit in einem warmen Licht.

59. Berührung

Gefühlt berühren sich für mich Himmel und Erde,
wenn ich nach zwei Bier unbeschwerter werde.
Bier ist ein paradiesischer Gefährte.

60. Rührend

Ich bin zu Freudentränen gerührt,
wie mich doch mein Bier verführt.
Wir sind wie ein Liebespaar,
wie ein 50 Jahre verheiratetes Ehepaar.
Unsere Beziehung ist und bleibt wunderbar.

61. Gefunden

Unsere Kreativität und Selbstverwirklichung finden wir
im angeheiterten Zustand nach etwa zwei Bier.
Bier ist ein Getränk,
das Ketten sprengt.

62. Jede und Jeder

Jede Person, die durstig an meine Tür klopft,
bekommt von mir ein kühles Bier, fein gehopft.

63. Schon gewusst

Woanders ist's wie hier,
gibt's dort Bier.

64. Zeitlos

Etwas Zeitloses
ist was ganz Großes.
So geht's mir
mit Weizenbier.

65. Alfreds little helper

Lass Druck aus deinem Kessel.
Wirf ab deine Fessel.
Befreie dich von deinen Zwängen.
Lass dich nicht mehr einengen.
Statt zu funktionieren, selbstbestimmt handeln.
Auf eigenen Wegen wandeln.
Bei all den vielen Zielen hilft mir
als Antriebshilfe mein Weizenbier.

66. Im siebten Himmel

Genügend Geld.
Alle Zeit der Welt.
Schmetterlinge im Bauch.
Ein Hefeweizen auch.
- So lässt`s sich leben!
Im siebten Himmel schweben.
Prost!

67. Dauerschleife

Nach dem Bier
ist vor dem Bier.
Diese Dauerschleife gefällt mir.

68. Weltoffen

Hat man vier Bier gesoffen,
steht einem die ganze Welt offen.
Ist man aber nüchtern,
ist man eher schüchtern.

69. Gemein

Du bist gemein, so gemein, hundsgemein.
Warum lässt du mich, ja mich, bloß allein.
Ich trinke Bier und Wein,
sitze dumm rum und wein‘.

Allein, allein.
Ich könnte schrei‘n.
Du fehlst mir so sehr.
Nach sechs Bier fällt das Alleinsein nicht mehr ganz so schwer.

70. Zusammenhang Politik und Saufen

Die Wirtschaft krankt.
Der Deutsche bangt.
Die Ampel wankt.
Mancher schwankt.
Zum einen, weil's nicht läuft.
Zum andern, weil man Bier säuft.

71. Fress-Limerick

Der grüne Salat, gegessen
und schnell vergessen.
Der Rotwein aber…
Laber, Laber, Laber…
Pizzen her, Bier her. Auf zum großen Fressen.

72. Fensterputz-Limerick

Heute hat's mich mal wieder überkommen,
habe mein Putz-Zeug zur Hand genommen.
Habe meine trüben Fenster sauber gewischt.
Danach wird zur Belohnung ein Bier gezischt,
sehe wieder klar, nicht mehr verschwommen.

73. Der Fund

Die Braukunst, verkronkorkt in der Bierflasche.
Ein Flaschenöffner findet sich in meiner Tasche.
Bierflasche auf.
Das Schicksal nimmt seinen Lauf!
Prost!

74. Ein Leerer

Ein Lehrer kann nicht leer sein.
Das verbietet der Name.
Also muss ein Lehrer zumindest etwas voll sein.
Der Arme.
Obwohl, voll Bier
wäre für mich die Ausnahme
des erwähnten armen Lehrers hier.

75. Sommerabend

Die Rosen blühen
im abendlichen Sommersonnenlicht.
Meine Wangen glühen;
nach zwei Weizen bin ich ein wenig dicht.

So wunderschön kann das Leben sein.
Vier Flaschen sind noch im Kasten,
ich schenke mir noch ein Weizen ein.
Ich könnte vor Glück ausrasten.

76. Ausflippen

Mir wird's warm ums Herz.
Ich vergesse den Alltagsschmerz.
Läuft mir Bier über die Lippen,
könnte ich vor Freude ausflippen.
Ich empfehle auch dir,
trink ein Bier! Prost!

77. Ja

Sag nicht nein, wenn du ja meinst.
Sag zu mir,
ja, ich will ein Bier.

78. Seeleneingang

Ein Eingang zu unseren Seelen
führt mit Bier über unsere Kehlen.
Wir werden sofort von Bier beseelt.
Bier hat nie seine Wirkung verfehlt.

79. Verknallt

Ist man verknallt,
ist's einem selbst im Winter nicht kalt.
Dann wird's dir warm ums Herz.
Stimmung, Körpertemperatur gehen aufwärts.
Jetzt kuschelnd mit der großen Liebe zusammen sein
im Kerzenschein bei Bier und Wein
– nichts könnte schöner sein.

80. B wie Bier

Wer **A** wie Alfred sagt, muss auch **B** wie Bier sagen.
Bei B wie Brennnesseltee gehe ich ihm sonst an
den Kragen.

81. Tröster

Fühlst du dich mutlos, lost.
Ein Bier hilft, gibt Trost.
Prost!

82. Beschissen

Seine Gedanken kreisen
gerade beim Scheißen
ums nächste Bier
und ums fehlende Klopapier.

83. 00Bier

Mein Name ist Bier.
Weizen Bier.

84. EM 2024 - so schön

Ach, ist das Leben nicht schön.
Dankeschön.
Es braucht nur ein Fußballturnier
und etwas Bier!

85. Plan B

Geht dein Plan mal nicht auf,
dann scheiß drauf.
Greife zu Plan B wie Bier.
Alles wird gut, gönn's dir.

86. Altbier

Der Abend ist schon alt, so wie wir.
Deshalb trinken wir jetzt Altbier.

87. Nicht durchdrehen

Wie soll man bloß mit all dem Negativen umgehen?
Wie schafft man's, bei all den Kriegen nicht durchzudrehen?
Wie kann man dem Hass trotzen?
Mir hilft, mich auf Schönes zu besinnen und ein Bier zu schlotzen.

88. Frieden

Wir Menschen sind lieb. Wir Menschen sind weise.
Doch manchmal benehmen wir uns echt scheiße.
Wir hassen, zerstören und morden.
Warum sind wir so geworden?
Frieden auf Erden,
so sollte es werden.
Und mittendrin wir,
trinken friedlich Bier.

89. Zauberei

Jedem Bier wohnt ein Zauber inne.
Bier verzaubert meine sämtlichen Sinne.
Liebes Bier, bitte, bitte rinne
durch meine durstige Kehle
und verzaubere auch meine Seele.

90. Vorschlag

Das Leben ist nur von kurzer Dauer.
Vertue dich nicht, sei schlauer.
Tu Sinnvolles und erfreu dich an jedem Tag.
Trink täglich ein gutes Bier – mein Vorschlag.

91. Kraftort

Mein Kraftort
ist überall dort,
wo’s Bier gibt
und man mich liebt.

92. Zum Frühlingsanfang

Der Frühling macht die Wiesen bunt.
Wald und Flur erblühen.
Ich fühle mich glücklich und gesund.
In mir erglühen
die Sehnsucht nach einem Kuss von dir
und das Verlangen nach einem Maibock-Bier.

93. Glücklichmacher

Bier macht mich glücklich.
Meine Freundin macht mich überglücklich.
Frühes Aufstehen eher nicht.
Fertig ist das Glücklich-mach-Gedicht.

94. Körpersprache

Sagt dir dein Körper: Pass auf!
Dann achte gefälligst drauf.
Höre sorgsam in dich rein.
Will er Bier? Will er Wein?
Dein Körper sagt es dir.
Meiner sagt mir, trink ein Bier.

95. Funkeln

In weiter Ferne
leuchten und funkeln
im Dunkeln
Sternschnuppen und Sterne.

In meinem Glas
funkelt mein Bier.
Es sagt mir:
„Wünsch dir was!

Vielleicht noch ein Glas
von mir,
dem funkelnden Bier?"
Und ich wünsche mir das!

96. Genie

Ich bin ein Genie,
denn ich weiß niemals nie,
was ich trinken soll.
Natürlich Bier, jawohl.
Prost, zum Wohl!

97. Vom Stehen

Stehst du auf Bier und auf`s Küssen?
Nein, ich stehe auf meinen Füßen.

98. Wer

Ich trinke, also bin ich. Aber wer?
Das zu beantworten, fällt mir nicht schwer.
Ich war Biertrinker.
Ich bin Biertrinker.
Ich werde immer Biertrinker sein.
Ab und zu darf's auch ein Gläschen Wein sein.

99. Wandern

Wir wandern auf einem Pass.
Das Wandern macht uns Spaß,
denn wir zwei haben Bier dabei,
genügend Bier für drei.

100. Warten

Wir warten
aufs Öffnen vom Biergarten.
Dann warten wir
aufs Bier.
Aber keine Bange,
wir warten dort nicht lange.

101. Gewinn

Biergedichteschreiben ist ein gefährliches Pflaster,
denn es hat zwangsläufig das Biertrinken als Laster.
Man kann's aber auch drehen
und das anders sehen:
Biergedichteschreiben ist ein Gewinn,
denn so bekommt Biertrinken einen neuen Sinn.

102. Knülle

Er ist toll.
Er ist voll.
Er ist knülle
durch des Bieres Fülle.

103. Zum Done

Dort brennt noch Licht in der dunklen Nacht.
Done hat das Schwert noch nicht zugemacht.
Damit ich mir im Dunkeln nicht die Haxen breche,
mache ich in seiner Kneipe noch eine Bier-Zeche.

104. Löcher

Ist er inzwischen auch ein alter Mann,
der nicht mehr so hart arbeiten kann,
eines kann er immer noch,
Bier saufen wie ein Loch.

Ist sie inzwischen auch ein altes Weib
mit Problemzonen über ihrem Unterleib,
eines kann sie immer noch,
Wein saufen wie ein Loch.

Ihre Freundin ist auch eine alte Frau,
aber immer noch eine geile Sau.
Und eines tut sie immer noch,
Bier und Wein saufen wie ein Loch.

105. Eine Antwort

Bier ist eine Antwort auf alle Fragen.
Prost. Ein Bier trinken, nicht klagen.
Trink deine Fragen und Probleme weg.
Spül ihn runter, den ganzen Dreck.

106. Ein Reiter

Ein Reiter reitet nicht mehr.
Nach 6 Bier da läuft er.
Denn ritte der Reiter
weiter,
fiele er womöglich vom Pferd
und das wäre verkehrt.

107. Feierabend

War dein Tag auch lang und schwer,
die Feierabendbiere trösten, mehr und mehr.
Mit jedem Schluck kommen Glück,
Freude, Kraft und Energie zurück.

108. Versäumt

Nachts von Bier geträumt.
Geträumt, wie's herrlich schäumt.
Durstig aufgewacht. Leider versäumt
noch Bier zu kaufen,
deshalb zur nächsten offenen Tanke gelaufen.
Jetzt kann er einen Six-Pack saufen.

109. Vermehrung

Habe ich eine Flasche Bier geleert,
fühle ich, wie sich in mir das Glück vermehrt.
Mach 'ne Flasche Bier auf
und fühle dich wohlauf.

110. Dreiteiler

Es gibt mich.
Es gibt dich.
Es gibt viele wie mich,
aber nur eine wie dich
(für mich).

Du bist wichtig für mich.
Gib auf dich acht!
Ich liebe dich
bei Tag und bei Nacht.

PS: 23:30 Uhr. Noch ein Bier aufgemacht.
Prost und gute Nacht!

111. Achteck

Das Achteck ist ein feiner Ort.
Nach vier Bier möchte man nicht mehr fort.
Man kann hier wirklich lange bleiben;
Köstlichkeiten helfen, Hunger und Zeit zu vertreiben.
Hier schmecken Gyros und Ouzo am besten,
ich komm bald wieder, um sie zu testen.
Gäb‘s in Weil der Stadt das Achteck nicht,
dann gäb's auch nicht dies Biergedicht.
Jámas und alles Gute!

112. Uns

Wir wissen, dass wir wenig bis nichts wissen.
Ich weiß nur: Uns möchte ich nicht missen.
Uns, also wir
sind du, ich und Bier.

113. Guten Mutes

Er ist guten Mutes,
denn er tut es.
Er trinkt vom bierigen Nass
eine volle Maß.
Heute gibt's keine halben Sachen.
Heute lässt er's krachen.

114. Universelles Glück

Ob Kokser oder Kiffer,
ob Habeck oder Claudia Schiffer,
ob Mann oder Frau oder Diverser,
ob Frommer oder Perverser,
ob Biertrinker oder Komasäufer,
ob Bergsteiger oder Marathonläufer
- jeder sucht auf seine Art ein Stück
vom großen universellen Glück.

115. Mit ein wenig Bier

Ist Bier im Spiel,
nicht zu wenig nicht zu viel,
sieht man alles objektiver.
Manches sogar attraktiver.
Man sieht vieles entspannter.
Manches sogar charmanter.
Und was mich manchmal selbst erstaunt,
ein Bier macht mich meist gut gelaunt.
Bier lässt dich nicht am Boden kleben.
Bier hilft dir, über den Dingen zu schweben.

116. Aufmucken

Wegducken.
Weggucken.
Trink ein Bier. Besser zwei.
Trink dich frei,
um endlich aufzumucken.

117. Schicksalhaft

Hab genug getrunken. Ich sollte heimgehen.
Aber daraus wird nichts, ich habe Martin gesehen.
Und so nimmt das Schicksal seinen Lauf,
mit Hallo, mit Bier und noch mehr Sauf.

118. Jeder

Jeder, der mir Bier gegeben,
den lasse ich hochleben!
Jeder, der nicht,
dem wünsche ich die Gicht.

119. Statistiken

Die Statistik kennen wir wohl.
Es tötet zu viel Alkohol.
Manche Statistik sagt aber auch,
akzeptabel ist eine moderate Menge Bier im Bauch.
Ich halte mich daran. Nicht zu viel, nicht abstinent.
Nicht immer, aber fast permanent.

120. Ausblick

Wie wunderschön wird die Frau im Sonnenschein
erst zwei Bier später für mich sein.

121. Von Dicht zu Dich

Wärst du ich
und mich wäre dich,
dann, angenommen liebtest du dich,
liebtest du auch gleichzeitig mich.
Schöner Gedanke.
An die vier getrunk´ne Bier ein herzliches Danke.
Ist weniger dicht vielleicht der Weg zum Dich?
Fast **dich**t wäre dann das **Dich**.

122. Zeitenwende

Vorhin hat mich meine innere Stimme übermannt,
daraufhin habe ich die vier Jahreszeiten umbenannt.
Frühling zu Märzenbierzeit, Sommer zu
Weizenbiergartenzeit,
Herbst zu Kellerbierzeit und Winter zu Weihnachtsbierzeit.
So komme ich wunderbar
mit Bier durch das Jahr.

123. Und ich?

Der Toast wird getoastet
Der Apfel wird gemostet.
Das Bier wird gebraut.
Zeit, dass jemand nach mir schaut.

124. Ein schöner Tag

Heute ist ein schöner Tag,
ein Tag, wie ich ihn mag.
Harmonie und Sonnenschein.
Im Glas ein Bier oder guten Wein.
Was will man noch mehr?
Vielleicht nachher noch etwas Verkehr.

125. Unverändert

Bier war und ist Bier und wird auch immer Bier bleiben.
Ich werde mir jetzt dies Unveränderliche einverleiben.
Prost!

126. Drum

Bier hilft gegen Verdruss.
Bier lässt mich abheben.
Bier bedeutet Genuss.
Genuss heißt Leben.
Drum ist Bier
mein Lebenselixier.

127. Voller Speicher

Gestern habe ich gebechert.
Heute brummt der Schädel mir.
Gestern trank ich Bier ohne Ziel.
Letztendlich war‘s ein Bier zu viel.

128. Bierkiste

Eine Bierkiste ist mehr
als die Summe seiner noch vollen Flaschen. Viel mehr.
Eine Bierkiste ist ein Freundschafts-Entspannungs-Symbol,
für alles, was verbindet und wirklich zählt. Prost
und zum Wohl!

129. Freibad

Um im Sommer glücklich zu sein, braucht's nicht viel.
Sonne, Freunde, Freibad, Bier und man ist am Ziel.
Sonne und Freibad laden uns ein,
glücklich und frei zu sein.
Sind noch Freund und Bier mit im Spiel,
hat man alles, was man will.

130. Lebensqualität

Manche Leute trinken Bier selten bis nie,
aus Angst um ihren Körper, ihre Selbstkontrolle.
Da frag ich mich doch aber, wie
kommen denn diese Trolle
durch ihr asketisches Leben,
so ohne Bier
wenn sie nur nach ewiger Jugend streben.
Zu guter Lebensqualität gehört täglich ein Bier.

131. Toast

Erst ein Toast,
dann ein Prost
mit Bier oder Most!
Geht auch mit Wein oder Sekt,
wem das schmeckt.

132. Aktivierung

Viele sind satt,
andere sind platt.
Um sich zu aktivieren,
hilft‘s manchmal zu bieren.

133. Schwur

Bier, willst du für immer mir gehören,
werde ich dir ewige Treue schwören.
Du wirst mich jeden Tag verführen.
Ich werde dich jeden Tag berühren.
Unser Freundschaftsband wird nie zerrissen.
Prost! Ich werde dich dafür täglich pissen.
Bier sei mein
und ich bin dein.

134. Schön

Das Leben ist oft schön.
Noch schöner ist’s mit Bier.
Am schönsten aber mit dir.

135. Immer und überall

Bier schmeckt immer und überall.
Auch unterm Duschstrahl
oder unterm Wasserfall.
Bier schmeckt phänomenal
zu geräuchertem Aal.
PS: Bier hilft bestimmt bei Durchfall.

136. Kompromisse

Das Leben ist
ein ständiger Kompro-Mist.
Drum heute keine Kompromisse mehr.
Jetzt muss ein schnell ein Bierchen her!

137. Alles im Fluss

Die Stunden fließen, wie das Bier ins Glas.
Ich bleibe sitzen und bestelle noch eine Maß.
Dann ist Schluss, sonst werde ich doppelt sehen.
Die Gedanken kommen. Die Gedanken gehen.
Alles ist im Fluss und ich habe Spaß.

138. Tröster

Bier im Kühlschrank steht stets bereit,
als Tröster in der Einsamkeit.
Bier hilft in dunkler Zeit.
Eine Flasche Bier die Seele befreit.

139. Nie zu früh

Für ein Bier ist's nie zu früh,
aber schnell mal zu spät.
Deshalb mach dir jetzt die Müh,
bevor's sich nach zu spät dreht.

140. Bier zur Regeneration

Die Sonne hoch am Himmel steht.
Schwül ist's. Kein Windchen weht.
Ich schwitze, bin am Dehydrieren.
Schnell ein Bier zum Regenerieren.
Schnell, schnell, sonst ist's zu spät.

141. Polarlichter?

Als Martin und ich auf dem Heimweg in den Nachthimmel schauen,
fragen wir uns, können wir noch unseren Augen trauen,
denn in Anbetracht der dunklen Nacht,
ist das pinkfarbene Licht am Himmel unangebracht.
In mir keimt der Verdacht,
wir haben heute zu viele Biere in der Kneipe verbracht.
Auch meine innere Stimme meldet sich und spricht:
Nix Polarlicht. Ihr seid dicht.
Martin sieht neben pinke auch grüne Lichter.
Das kann nur bedeuten, er ist dichter.

142. Marienbad (Mariánské Lázně)

Marienbad verzaubert mit seinen vielen
fürstlichen Gebäuden.
Seine Heilwässer aus zahlreichen Quellen sind beliebt bei
allen Leuten.
Ob bewölkter Himmel oder Sonnenschein
die Parkanlagen und die historische Architektur laden zum
Flanieren ein.
Nach Saunabesuch oder körperlicher Aktivität
erzielt dann das gute Bier bei den meisten höchste Priorität.
Werde ich gefragt, ob's in Marienbad auch schöne
Frauen gibt,
kann ich's nicht beantworten, denn ich bin nur in eine
Frau verliebt.
Aber in der Tat
schön ist's in Marienbad.

143. Verlockungen

Und ewig locken Bier und Weib
Mit ihren sinnlichen Versprechungen.
Beide sind mehr als nur der schönste Zeitvertreib
und auch mehr als nur paradiesische Verlockungen.

144. Immer

In guten wie in schlechten Zeiten,
Bier wird uns immer begleiten.
Ob in Freude, ob in Leid,
Bier steht stets bereit.
Ob unter Freunden oder allein,
ein Bier lässt keinen lange traurig sein.
Ob Sturm, Hagel oder Regenwetter,
mit Bier scheint vieles netter.
Kommt, stimmt mit ein,
Bier soll in unseren Gläsern sein.

145. Glückliche Stunden

Mit Freunden im Trockenen, aber nicht auf dem
Trockenen sitzen.
Mit Bier anstoßen, diskutieren, lachen, die Ohren spitzen.
So sitzen wir noch lange, haben viel Blödsinn im Sinn,
Wir reden und lachen, das pure Glück mittendrin.
Glückliche Stunden können so einfach zu haben sein.
Es braucht nur gute Freunde, frisches Bier und guten Wein.

146. Sex, Beer and Rock'n Roll

Ist er halbvoll,
denkt er an Sex, Bier und Rock'n Roll.
Er findet das wundervoll,
seine Stimmung ist dabei Dur und nicht Moll.

147. Im Schlaf

Um beim Schlafen nichts Wichtiges zu versäumen,
möchte ich im Schlaf von Dir und einem frischen
Bier träumen.

148. Psychedelisch

Muss Bier psychedelisch sein?
Jein.
Man kann auch alkoholfreies Bier trinken,
ohne dann aber in einen Rausch zu versinken.
Ich schenke mir jetzt ein alkoholhaltiges ein.

149. Prost auf so vieles

Bier bringt uns Freude, Heiterkeit, bringt uns Glück.
Prost auf das Leben, auf die Liebe, auf den Augenblick!

150. Papperlapapp

Du fühlst dich angeschlagen und schlapp.
Papperlapapp.
Trink ein Bier
und gut geht's dir.

151. Das Hefeweizen

Der Bestatter bestattet.
Der Gatte begattet.
Der Bauherr baut.
Der Brauer braut.
Die Kuh macht muh.
Wer bist und was machst du?
Ich bin ein leckeres Hefeweizen
und tu mit meinen Reizen nicht geizen.

152. Vom Gewinner zum Verlierer

Er wusste schon als Kind:
Bier gewinnt.
Warum sich also dagegen sträuben,
sich mit Bier zu betäuben?

Jetzt weiß er's besser: Wer zu viel biert,
verliert!
(biert von bieren = Bier trinken)

153. Zu viel

Mit etwas Bier im Blut
fühlt er sich gut.
Sind's aber mehr als ein Promill',
trank er vom Bier zu viel.

154. Gefühle

Ich sitze hier
bei einem Glas Bier
und denke zurück,
an Zeiten voller Liebesglück.
Alleine scheint alles grau in grau,
die Welt erscheint mir trist und flau.
Aber bereits nach Bier Nummer zwei
fühle ich mich besser, fühle ich mich frei.

155. Abschiedsbier

Ein Abschiedsbier, bevor wir auseinandergehen,
Noch ein letztes Bier, dann heißt's auf Wiedersehen.
Die Stunden flossen, wie das Bier.
Die Kirchturmuhr schlägt halb vier.

156. Zum Schluss

Zum Schluss noch eines,
ein kleines.
Ein kleines Pils,
ich will's. Prost!

Bier- und Weingedichte von Freunden und Bekannten

157. Ein Freibadgedicht

Die Freibadzeit geht wieder los.
Die Freude drauf ist riesengroß.
Im mittäglichen Sonnenschein
stemme ich mir vier Halbe rein.
Wenn ich nun im Wasser bade,
schwimm ich Bahnen nicht mehr gerade.
Doch auch damit bin ich fine,
so könnte jeder Werktag sein.
(Christian und Robin, Filderstadt-Bonlanden)

158. Camping

Ich blicke auf den Bodensee
und denke mir, ohje, ohje,
warum ich nicht mehr grade steh.

Dann blicke ich ins Dosenbier in meiner Hand
und frage mich, wohin der Inhalt darin verschwand.
Dann denke ich mir, zum Campen reicht's
und das Bodensee-Krokodil beißt.

Die Wahrnehmung ist verschwommen
und ich bin schon ganz benommen.
Und trotzdem gönne ich mir
morgen früh ein Frühstücksbier.
(Christian und Robin, Filderstadt-Bonlanden)

159. Tequila Bar

Ich hab eine Geschichte,
die ist wunderbar.

Sie handelt von der Tequila Bar,
in der ich gestern war.

Dort fragte ich nach einem Bier,
doch niemand gab es mir.

Den Kellner fragte ich nach Wein,
doch auch der sollt‘ es nicht sein.

Doch bracht‘ er mir an meinen Platz
viel zu viel Agaven Schnaps.

Ich lehnte da und sippte cool,
bis ich fiel von meinem Stuhl.

Drum merk ich mir fürs nächste Mal:
Ein Despo wäre die bessere Wahl!
(Christian und Robin, Filderstadt-Bonlanden)

160. Ein EM Gedicht

EM in Deutschland das ist krass!
Das ist doch für jeden was.
Ob im TV oder vor Ort,
jeder feiert diesen Sport.
Selbst die Briten sehen ein,
das Bier ist besser als daheim.
Auch die Schotten spielten krötig,
doch zum Feiern war ein Sieg nicht nötig.
Im Ungarnspiel sah man sehr rasch,
wir zerlegen sie zu Rindgulasch.
Der nächste Schritt der klingt banal,
wir holen den EM-Pokal!
Doch das Wichtigste finden wir,
ist und bleibt das Fußballbier.
Es fallen Hemmung und Rivalität,
denn einzig nur die Stimmung zählt.
(Christian und Robin, Filderstadt-Bonlanden)

161. Fußball und der HSV

Wenn wir gewinnen, gibt es ein Bier.
Beim Unentschieden sind es vier.
Verlieren wir, zählt keiner mehr,
aufzusteigen, das ist schwer.
(Jörg Schwenzer, Fürstenberg/Havel und Adamsdorf)

162. „Füll Krug mit Bier“ EM 2024

Welch ein Name, schon ohne Bier, ohne Schäumen.
Ein Imperativ zum Trinken, gar zum Träumen
- er schießt Tor um Tor.
„Niclas vor“ singen wir im Chor.

Traf im Zug ne Abi-Klasse ohne Scheu.
Ohne Allüren, ließ er sie spüren, rief Ahoi.
Zurück kam mit Klang deren Gesang.
Füll den Krug mit Bier, und den andern Tore ein.
Au ja Niclas, das wird fein.
(Martin Riedle, Weil der Stadt)

163. Kiesel Teil 1

Trinke ich Kiesel, Säure,
sorgt sich meine Treue.
Trink ich aber Bier,
prostet sie mit mir.
Toro in ihrem Glase.
Sie nennt mich Hase.
Ja, ich bin dann Stier…
(Martin Riedle, Weil der Stadt)

164. Kiesel Teil 2

Denk ich Kiesel, trink ich Diesel.
Sag ich Harald, nehm ich Alt halt.
Schrei ich Riedle, ich nur Pils seh.
Ruf ich Alfred, nur der Met geht.
Schau ich Spiegel, auf die Bügel.
(Helmut Däuble, Stuttgart)

165. Kiesel Teil 3

Hab ich Hunger wie ein Tier,
dann brauch‘ ich Wurstsalat und Bier.
Hab ich nen großen Durst,
dann nehm ich Bier und dazu Wurst.
Wenn‘s beides gibt, das lob ich mir!
PS: Das hat nichts mit der Realität zu tun,
sagt Rainer Kiesel Tutanchamun.
(Rainer Kiesel, Weil der Stadt)

Über den Autor

Alfred Reichel wurde am 24.10.1961 in Stuttgart geboren. Mit nur 2750 g Geburtsgewicht war er das Leichtgewicht in der Klinik. Um ihn aufzupäppeln, bekam er dort mehr Mahlzeiten als die anderen. Essen und Trinken waren ihm also schon von Beginn an wichtig.
Nach dem Abitur interessierten ihn Chemie, Essen und Trinken, insbesondere Bier. Er studierte folgerichtig Lebensmitteltechnologie an der Uni Hohenheim. Als Lebensmittel-Ingenieur arbeitete er fast 15 Jahre bei der Firma Eckes in Nieder-Olm.
Seit 2004 wohnt er wieder in Weil der Stadt und verdient sein täglich Bier als Chemielehrer in Stuttgart.
Ab 2012 outet er sich als großer Bierliebhaber in seinen Bier-Gedichtsbänden.

Reichels Motto lautet: *Ein Bier ist besser als kein Bier...*

Der Autor bei seiner Lieblingsbeschäftigung.

Inhaltsverzeichnis

Bisher sind von Alfred Reichel beim Verlag Books on Demand GmbH folgende Bücher erschienen:

- ***Zeitlose Biergedichte, 2024***
- ***Biergedichte-Sammelsurium, 2023***
- ***Glücks-Bier-Gedichte, 2022***
- ***Hoptimistische Biergedichte, 2021***
- ***Reichels heile Welt der Biergedichte, 2020***
- ***Prost-Gedichte, 2019***
- ***Weihnachtliche Biergedichte, 2018***
- ***1516 Biergedichte, 2017***
- ***Frisch eingeschenkt – Biergedichte der besonderen Art, 2017***
- ***Goldene Biergedichte, 2016***

- *Bierhaltige Gedichte, 2016*
- *Tierisch gute Bier-Gedichte, 2015*
- *Nicht nur Biergedichte, 2015*
- *Bier-Lyrik, 2014*
- *Bier-Liebes-Gedichte, 2013*
- *Noch mehr Bier-Gedichte, 2013*
- *Bier-Gedichte, 2012*